Gedichte

sind

Persönlichkeiten

GEDICHTE

SIND

PERSÖNLICHKEITEN

Gedichte

von

Jürgen Ambros

© Jürgen Ambros 2025
Verlag: BoD · Books on Demand GmbH,
In de Tarpen 42, 22848 Norderstedt,
bod@bod.de
Druck: Libri Plureos GmbH,
Friedensallee 273, 22763 Hamburg
ISBN: 978-3-7693-5155-2

Die Bilder wurden mit und von einem
Computerprogramm (KI) erstellt.

Manchmal tiefsinnig,

manchmal albern

und heiter.

Auf jeden Fall

wird man

ein bisschen

gescheiter.

Wer dieses

hier liest,

bleibt nicht länger

verdrießlich.

Darum ging es ja

schließlich.

Angeklopft

Ein Gedicht klopft an die Tür.

Ich rufe laut: "Was willst du hier?"

"Ich suche meinen Meister!"

"Ach so, na gut, wie heißt er?"

"Das weiß ich eben leider nicht,
denn ich bin bloß ein Leichtgewicht,
bin ohne Ziel und Richtung
und wäre gerne Dichtung!"

"Na gut, dann dichte ich dich jetzt.
Doch wehe, wenn du mich verpetzt!

Wenn jemand weiß, dass ich dich schreibe,
rücken die Leute mir zu Leibe
und wollen, dass ich täglich dichte
für die geheimen Reimesüchte!"

"Ich schwöre, dass ich glaubhaft schweige
und mich dankbar vor dir verneige
für die erbrachte Dichterpflicht!"

"So sei es denn, sei ein Gedicht!"

Beröckelt

Ein Gedicht, sehr kurz beröckelt,
kommt auf High Heels angestöckelt,
fragt den Dichter: "Was geht ab?"
Läuft bei dir?"

"Hau du bloß ab!"
schimpft der blasse Dichtervater.

"Dich erschuf ich in dem Kater,
mit dem ich heut' früh erwachte,
weil ich eine Sauftour machte!
Du bist peinlich ohne Maßen,
alle hör'n dich auf den Straßen!
Spottend zeigt man jetzt auf mich!
Aus dem Weg! Entferne dich!"

"Was? Ich denke nicht daran!",
zürnt beleidigt das Gedicht.
"Steh' zu mir und sei ein Mann
oder - sei es lieber nicht!
Ich muss mich nur deshalb schämen,
dich als Vater zu erwähnen,
weil du mir die Schmach bereitest
und die Vaterschaft bestreitest!

Schäme dich, liebloser Dichter,
du bist ein Gedichtvernichter!"

Ausgekocht

Dass Ferdinand Pfeffer
Gedichte kochte,
war mutig,
weil keiner
sie wirklich mochte.
Auch Verse,
die er in
der Pfanne gebraten,
waren nicht gerade
schmackhaft geraten.

Durch diese
Widerborstigkeit
wurden die Verse
weit und breit
in Stadt und Land
weltweit bekannt.

Die Leser
kamen angerannt,
um die bittere Kost
zu probieren
und das Herbe darin
zu studieren.

So kam es,
dass schließlich
sogar die Gelehrten
sich um die Gedichte
von Ferdinand scherten.

Man schrieb dicke Bücher:
"Geschmacklos!" und "Kunst!"
So wurde die Dichtung
gelobt und verhunzt.

Doch Ferdinand blieb
von dem Streit unberührt
und hat weiterhin
Verse gekocht
und gerührt.

Geschmiedet

Fabronius schmiedet
Gedichte aus Eisen,
die uns auf die Härte
des Lebens hinweisen.

Die mutigen Leser,
die seine Kunst kosten,
erkennen mit Schaudern:
auch sie werden rosten,
denn nichts hat Bestand
in der flüchtigen Welt.

Für diese Belehrung
bekommt er kein Geld.
Er schenkt seine Werke
den Menschen im Land
und macht sie dadurch
mit dem Wissen bekannt:

dass nur,
wer sein Leben
mit Hingabe lebt,
sich später gelassen
zum Himmel erhebt,
um in dessen Weite
nach Hause zu kommen.

Dies gilt für uns alle,
denn nicht nur
die Frommen
müssen durch Krisen
ihr Wesen entfalten,
um dadurch den weiteren Weg
zu gestalten,
damit sie am Ende
die helfenden Hände
der Engel ergreifen.

In jeglichem Falle
heißt Leben: zu reifen.

Fabronius' Kunst
sei deshalb
hier gepriesen,
denn er hat uns sanft
auf den Tod hingewiesen
und auf die dann
folgende
Endlosigkeit,
die uns aus der Enge
des Daseins
befreit.

Gehäkelt

Ein Gedicht,
von Heinz gehäkelt,
das sich nackt
im Stadtpark räkelt,
möchte, dass
es alle seh'n
und muss darum
wieder geh'n.

Es ist
Exhibitionist,
was hier nicht
geduldet ist.

Erst wird seine
Naht zerschnibbelt,
danach wird es
aufgeribbelt.

Heinz häkelt
beim nächsten Mal
lieber einen
warmen Schal.

Genäht

Es gibt nun
etwas zu berichten
von Käthes
genähten Gedichten.
Gedichte, die
Käthe uns nähte,
sind voll die
konkreten Geräte.

Sie zeigen, vor
allem die späten,
nur sichtbare
Realitäten.
Es geht bei ihr
nicht um Gefühle,
schon gar nicht
um Philosophie.

Sie schneidert uns
Tische und Stühle
und Körper vom Kopf
bis zum Knie.
Die wahrhaft
taktilen Geschichten
ertastet sie spürbar
beim Dichten.

Ich glaube, auch
wenn ich erröte,
sie hat ihre Gene
von Goethe.

Ladenhüter

Dies Gedicht,
ein Ladenhüter,
langweilt
schnell alle Gemüter,
bringt die Leser
nur zum Gähnen.
Ich muss sicher
nicht erwähnen,
dass es sehr
darunter leidet
und sich darum
gern verkleidet.
Dann wird es
zu Charly Checker.
Es geht allen
auf den Wecker,
weil es,
in Jackett und Hut,
glaubt, man fände
es nun gut.
Doch anstatt
es zu verehren
will sich keiner
um es scheren.
Es gibt nicht
einmal ein Gähnen!
Ich muss wiederholt
erwähnen,
dass es sehr
darunter leidet
und die Leser
nun vermeidet.

Angeklickt

Im Oberstübchen
nicht ganz richtig,
nimmt dies Gedicht
sich viel zu wichtig.

Es möchte was Besond'res sein
will gerne groß sein
und nicht klein.
Darum macht es ein Foto
von sich und König Toto.
Der ist enorm spektakulär,
was das Gedicht auch gerne wär.

Es will sich täglich neu erfinden
und das der ganzen Welt verkünden,
indem es, weil das ja nichts kostet,
Bilder von sich bei Insta postet.

Bei Facebook und sogar bei X
erreicht es aber leider nix,
denn keiner klickt die Fotos an,
auf dem man es betrachten kann.

Es klagt:
"Das finde ich nicht fair!"
Das Herz wird ihm
dadurch so schwer,
dass es entflieht
zu fernen Sternen,
indem es "Alt" drückt
und "Entfernen".

Beifall

Wohl dem, der nicht
auf Beifall schaut
und seinem Dichterherz
vertraut.

Der Rat gilt auch
für Dichterinnen,
die kluge
Poesie ersinnen,
und segnet
die, im Raum
dazwischen,
die Mars mit Venus
in sich mischen.

Sie mögen an
der Muse naschen
und uns mit
Versen überraschen,
die jetzt zwar
keinen Beifall kriegen,
jedoch
die Eitelkeit
besiegen.

Eigensinnig

Gedichte kann man
nicht erfinden.

Sie haben
ihren Eigensinn.
Versuchst du,
sie an dich zu binden,
verschwinden sie
Gott weiß wohin.

Nur Träumende,
die lauschend schauen,
gewinnen achtsam
ihr Vertrauen.

Den Wartenden,
die gar nichts wollen,
flüstern sie,
was sie
schreiben sollen.

Gedichte lassen sich
nicht zwingen.

Sie können nur
in Freiheit
singen.

Geritten

Ein Gedicht kam angeritten,

wollte mich um etwas bitten,

bat mich, dass ich es notiere.

"Willst du, dass ich mich blamiere?"

rief ich. "Du kommst nicht ins Haus!"

Denn es sah ganz schrecklich aus,

hatte einen dicken Fleck

von dem Reiten durch den Dreck.

Stubenrein

Ein Gedicht ist stubenrein.

Es macht weder groß noch klein.

Darum darf der Dichterbube

auch in diese gute Stube.

Er ist Dichter und Gedicht.

Das ist deshalb von Gewicht,

weil wir ihn dazu verpflichten,

gleich etwas für uns zu dichten.

Das Ergebnis: zu steril.

Nichts dabei, was uns gefiel.

Frei von Schmutz ist das Gedicht.

Makelloses schätzt man nicht.

Konfus

Ein Gedicht muss sich beeilen
und verläuft sich in den Zeilen,

stolpert über steile Spalten,
die ein Hindernis gestalten.

Dass es fehltritt ist nicht heiter!
Doch es läuft jetzt einfach weiter.

Läuft und ruft „Ach, wie konfus!
Schon verlier' ich meinen Fuß!"

Es fiel hin mit lautem Krach,
und der Versfuß lachte schwach.

Das Gedicht nahm es gelassen,
und beschloss, Zeit zu verpassen.

„Fall ich, lache ich dabei,
statt dass ich griesgrämig sei!"

Abenteuer

Es kommt aus dem Wald gerannt,
schwitzend, im Gesicht verbrannt.
Hinter ihm lodert das Feuer.

Dies Gedicht liebt Abenteuer,
hebt die Flinte für den Schuss,
rennt hinab zum breiten Fluss,
springt ins Boot,
ergreift die Ruder
(es ist ganz schön schnell,
das Luder!),
zieht die Ruder
durch das Wasser,
wird nicht nur
vom Schwitzen nasser.

Es wird ganz gewiss zerschellen
in den wilden Wasserfällen,
spätestens am scharfen Riff.
Plötzlich: ein Piratenschiff.
Darum springt es
und taucht unter.
Davon wird es wieder munter.

Man sieht, wie ihm in Korallen
Schätze in die Hände fallen.
"All der Reichtum - nur für mich!"
Gierig rafft es Gold an sich.

Doch dann beißt ein weißer Hai
das Gedicht brutal entzwei!

Angedackelt

Ein Gedicht kam angedackelt,

hat mit seinem Schwanz gewackelt,

drohte mit dem Vorderlauf,

rief: "Schreib diese Verse auf!"

Was ich auf der Stelle tat,

weil es mich mit Nachdruck bat.

Hände ringend

Ein Gedicht fleht händeringend:

"Hilf mir! Es ist wirklich dringend!

Meine Lebensflamme schwindet,

wenn mich nicht ein Dichter findet,

für mich brennt, mich neu entflammt.

Mach mich in der Welt bekannt!

Bitte, gib dir diese Mühe,

damit ich durch dich erglühe!"

Doch der Dichter, schwer beschäftigt,

hat den Vers schon längst verdächtigt,

nicht der Mühe wert zu sein,

dreht sich um und schläft dann ein.

Angereimt

Ein Gedicht kam angereimt,

wohl bedacht und gut gemeint.

Doch es wirkte unscheinbar,

still und zaghaft, wie es war.

Deshalb hob ich es galant

zu mir hoch mit einer Hand.

Und, weil ich es zart behandelt,

hat es sich sogleich verwandelt-

strahlt nun als ein Meisterstück

glücklich auf mich selbst zurück.

Eingefangen

"Halt, ich krieg dich!
Bleibst du stehen!?

Ich hab dich
schon längst gesehen!"
rufe ich und renn ihm nach.

Es entkommt mir!
Welche Schmach!
Springt auf Tische,
über Schränke,
rollt zur Seite,
hüpft auf Bänke.

Ich muss täglich
Verse jagen
und mich mit
dem Dichten plagen.
"Da, gleich hab' ich dich,
du Wicht!
Mir entkommst du
heute nicht!"

Mit dem Marmeladenglas
fing ich dieses
freche Aas.
Als Trophäe
an die Wand
häng' ich, was
ich heute fand.

Gescherzt

Ein Gedicht beliebt zu scherzen,

gackert los aus vollem Herzen,

kriegt sich einfach nicht mehr ein,

grunzt vergnüglich wie ein Schwein,

wiehert wie gereizte Pferde,

kreischt und prustet,

kichert, lacht,

kommt nicht runter auf die Erde,

haut aufs Bein.

Die Schwarte kracht.

Endlich platzt der Witz heraus

und löst Quietschvergnügen aus.

Angekrochen

Ein Gedicht kam angekrochen,

denn ich hatte ihm versprochen,

es hier heute vorzutragen

und es freundlich aufzusagen.

Dumm nur, dass ich es vergaß,

als ich in der U-Bahn saß.

Grade noch auf meinem Schoß,

war ich es ganz plötzlich los.

Eigentlich war mir das recht,

denn ich fand es ziemlich schlecht.

Es war mir sogar sehr peinlich.

Doch es hatte sich klammheimlich

in den Vortrag eingezwängt

und mich aufdringlich bedrängt.

Hoffen wir nur, es vergisst,

dass hier heute Lesung ist.

Abgelaufen

Ein Gedicht ist abgelaufen.
Es ist nicht mehr zu verkaufen.
Das Verfallsdatum erreicht,
gilt es nun als ausgebleicht.

Gestern Abend blinkten schon
oben auf dem Pappkarton
die verbliebenen Sekunden.
Doch die sind nun auch verschwunden.

Für die Wirtschaft ist es zwar,
Gott sei Dank, recycelbar.
Doch, ob ihm das auch gefällt,
sei erstmal dahingestellt.

Das Gedicht wird ausgeweidet.
Auch wenn es darunter leidet,
wird ihm das Skelett entnommen.
Das Skalpell kennt kein Entkommen.

Konsonanten und Vokale
kommen in die Petrischale,
werden dort zurechtgestutzt
und von der KI genutzt,
um Gedichte zu erbauen,
auf die wir mit Neugier schauen.

Treulos

Das ist das Tragische
an der Geschichte:
Sie lassen mich hungern,
meine Gedichte!

Gar kein Gedicht
will ins Scheinwerferlicht!
Alle sind still,
weil keines will!

Sie drücken sich stumm
an die Bühnenwand
und reichen sich
solidarisch die Hand.

"Mit uns heute nicht!",
ruft man mir ins Gesicht.

"Such du mal alleine
die schönen Worte
und mach' daraus
eine Gedichtetorte!

Dann kannst du mal seh'n,
was du ohne uns bist!
Ganz einfach nur Mist!"

Doch als ich mich traurig
von dannen schleiche,
fast unhörbar
von der Bühne entweiche,

beziehungsweise
entweichen will,
ist es auf einmal
nicht mehr so still.

Da, eins der Gedichte
erbarmt sich meiner.

"Wenn du mich nicht nimmst,
dann nimmt mich keiner!"
ruft es und springt dann,
noch während es spricht,
rettend zu mir
in das Scheinwerferlicht.

Aufgerüstet

Gedichte sind bis
an die Zähne gerüstet
und haben sich prahlerisch
damit gebrüstet,
dass ihrer Übermacht
keiner was kann.

Mutig kämpft jeder nun
Mann gegen Mann.

Sie streiten. Sie hauen
sich blutige Nasen
und liegen am Ende
erschöpft auf dem Rasen.

Gedemütigt geben sich
beide geschlagen
und haben das Kriegsbeil
gemeinsam begraben.

Doch jeder weiß noch
ganz genau wo es liegt
und hofft, dass er irgendwann
doch einmal siegt.

Bombig

Wie eine Bombe tickt dieses Gedicht.
Ist völlig geladen.
Es platzt aber nicht.

Zuerst wird es blass und
dann gelb und dann rot.
Wenn es jetzt nicht festhält,
sind alle Mann tot.
Noch hält es die Spannung.
Es atmet ganz tief,
entspannt seine Schultern
und wird davon schief.

Die Wut rutscht vom Hals
in das pochende Herz,
verknotet sich dort
zu versteinertem Schmerz.
Die Schultern sind locker.
Der Knoten fängt an
vom Herzen noch weiter
zu rutschen. Und dann

rollt der schmerzende Stein
tiefer noch in den Schoß,
fällt von da auf den Fuß
und bekommt einen Stoß.

Jetzt, ungelogen!
in hohem Bogen
fliegt durch die Luft
die gehaltene Wut.
Das ging noch mal gut.

Zähnefletschend

Ein Gedicht

fletscht bös' die Zähne,

schüttelt seine wilde Mähne,

knurrt gefährlich

aus dem Bauch,

ruft entrüstet:

"Du mich auch!"

Darum zieh' ich mich zurück,

wie ich jetzt weiß,

mir zum Glück,

denn ein wütendes Gedicht

will grad' meine Nähe nicht,

braucht jetzt einfach seine Ruhe,

schiebt die Schuld in meine Schuhe.

Morgen sehen wir dann weiter.

Dann ist es wohl wieder heiter.

Donnernd

Mit donnernder Stimme
brüllt laut ein Gedicht:
"Du Blödmann, mit mir
machst du so etwas nicht!"
Herr Vers schreit: "Ich Blödmann?
Da hast du Aas!
Halt jetzt bloß die Schnauze,
es setzt sonst noch was!"
"Ich Aas? Du Giftstück,
ich schlag dich zu Brei!"
"Ich Giftstück? Du Hirni,
ich reiß dich entzwei!"
"Ich bin doch kein Hirni!
Ich mache dich kalt,
du elender Trottel,
dann liegst du im Wald!"
"Ich Trottel? Das wagst du nicht,
du mieses Stück!"
"Und ob, du Nichtskönner,
hier kriegst du's zurück!"

So streiten die beiden
und hauen sich krumm.
Am Ende weiß niemand
so richtig, warum.

Ich hatte auch nur vor,
mal auszuprobieren,
ob Schimpfspiele
auch
im Gedicht
funktionieren.

Genörgelt

"Warum hast du das Fenster
nicht zugemacht?
Immer musst du alles offenlassen!
Du solltest doch die Türe schließen!
Kannst du nicht mal tun,
was ich dir sage?
Ich habe dir schon
tausendmal eingebleut,
dass du tun sollst,
was ich dir auftrage!
Warum hältst du dich nicht daran?

Immer musst du
deinen eigenen Kopf haben.
Tu endlich mal, was ich von dir will!
Die Fenster sind immer
noch nicht geschlossen
und es zieht ohne Ende!
Siehst du nicht,
wie meine Haare im Wind flattern?

Dir gefällt es wohl,
mich im Regen stehen zu lassen!
Immer nimmst du mir den Schirm weg!
Warum kannst du mich
nicht einmal abtrocknen?
Die Tropfen machen
den ganzen Teppich nass!
Warum hast du kein Papier
unter meine Füße gelegt?
Du wusstest doch,
dass du mich nass machen würdest!

Das wagst du nicht,
das mit dem Toaster!
Ich habe dir schon so oft gepredigt,
dass es gefährlich ist,
den Toaster mit in die Wanne zu nehmen!
Aber du hörst ja nicht auf mich!

Wie oft muss ich dir noch sagen,
dass du so etwas nicht machen sollst!
Außerdem steckt nicht einmal der Stecker!
Ich weiß doch,
dass du nie etwas richtig machst!
Du solltest dich endlich mal anstrengen!
Warum hast du nicht
schon viel früher daran gedacht,
den Stecker in die Steckdose zu stecken!
Immer muss man dir alles dreimal sagen.

Gequengelt

"Du solltest dir mal
die Haare schneiden lassen!
Warum hast du dich
heute nicht gekämmt?
Immer musst du aussehen
wie ein Schwein!
Man muss sich ja schämen,
wenn man mit dir unterwegs ist!

Nie machst du dich schön!
Immer rennst du so ungepflegt herum!
Du solltest etwas mehr auf dich achten!
Hast du dir schon mal die Schuhe geputzt?
Wann hast du dir zum letzten Mal
ein Hemd gekauft?
Wenn ich du wäre,
würde ich mich nicht mehr
auf die Strasse wagen!

Du solltest den großen Hut aufsetzen,
damit dich keiner erkennt!
Aber du hörst ja nicht auf mich!
Immer läufst du so herum!
Du brauchst gar nicht so zu gucken!
Was soll das heißen,
du willst dich nicht
so aufdonnern wie ich?
Du findest, ich übertreibe
mit meinem Sinn für schöne Kleidung?
Ich wäre eine aufgetakelte Fregatte?

Das kannst du doch
gar nicht beurteilen,
so ahnungslos wie du bist!
Du hast doch überhaupt keinen Geschmack!

Wann bist du das letzte Mal
auf einer Modenschau gewesen?
Na bitte!
Ich sag doch, du hast keine Ahnung!
Schau doch mal in den Spiegel!

Deine Haut ist grün
und deine Ohren stehen ab!
Auf deiner Stirn
wachsen zwei Fühler!
Manchmal denke ich,
du bist gar nicht von hier!

Du solltest dich wirklich
was schämen!

Gepöbelt

Ein Gedicht, das gerne pöbelt,

wird von anderen vermöbelt.

Es benahm sich ziemlich schlecht.

Ein Verhalten, das sich rächt,

denn die groben Flegeleien

wird man ihm nicht gern verzeihen.

Weil es sich so gerne prügelt,

wird's gemangelt und gebügelt.

Es liegt falsch, wenn es nun denkt,

dass man ihm die Strafe schenkt.

Selbst wenn es jetzt traurig schaut:

Selber schuld, wenn man es haut.

Renitent

Ein Gedicht wir renitent,
was man gar nicht von ihm kennt.
Bisher war es immer brav
und gehorchte wie im Schlaf.
Nun stellt es sich plötzlich stur.

Es fängt an, sich zu beschweren,
und entgegen der Natur,
sich nun gegen Druck zu wehren,
tut nicht mehr, was man ihm sagt.
Hört nur, wie es murrt und klagt!
Es verweigert das Parieren.

"Auf Kommando losmarschieren
fühlt sich nicht mehr richtig an,
weil ich selbst entscheiden kann!"
So empört es sich entschieden
und versucht, sein Recht zu kriegen!

"Was bewirkte diese Wandlung?
Dieser Wunsch nach Gleichbehandlung
schickt sich für Gedichte nicht!"
schreibt der Dichter im Bericht.
"Wo führt es am Ende hin,
wenn ein Vers voll Eigensinn
über Selbstbestimmung plaudert?
Nein, das darf nicht sein!
Mich schaudert!
Auch wenn es jetzt zornig gafft:
Dies Gedicht wird abgeschafft!"

Zornig

Fahnen schwingend ein Gedicht.
Doch ich will den Frieden nicht.
Auch wenn seine weißen Fahnen
mich eindringlich dazu mahnen.

"Wer hat denn den Krieg begonnen?"
frage ich mit aller Strenge.
"Trotzdem habe ich gewonnen!"!
treibe ich es in die Enge

und verschließe stolz mein Herz.
Dies Gedicht verdient nur Schmerz
und soll lange dafür bluten,
dass es aus mir, einem Guten,
einen Kriegsherren gemacht.

Ich zog ja nur in die Schlacht,
weil es mich arg drangsalierte
und mich grausam schikanierte.

Es hat nicht daran gedacht,
dass mein Zorn mich stärker macht.
Nun liegt es vor mir im Staub.
Ich stell meine Ohren taub
für sein Winseln und sein Klagen.

Das Gedicht kniet vor mir hin
und - weil ich doch friedlich bin -
lass ich es ein Weilchen klagen,
bevor wir uns dann vertragen.

Nochmal Nein

"Heute geht es einfach nicht!"
schimpft verärgert ein Gedicht.
"Bin ich wieder mal zu spät?"
"Ja, verdammt und zugenäht!"

"Hör doch auf mit dem Geschrei!"
"Weißt du was? Es ist vorbei!"
"Ist es hier bereits zu Ende?"
"Ja! Und dein Gesicht spricht Bände!"

"Bitte, tu mir das nicht an!"
"Ich mach alles, was ich kann!"
"Glaubst du nicht, dass es jetzt reicht?"
"Ich pariere mit: 'Vielleicht!'"

"Du klopfst doch nur auf den Busch!"
"Glaube ja nicht, ich mach Pfusch!"
"Nun, dann geh doch endlich weg!"
"Du bist echt der letzte Dreck!"

"Sei doch bitte wieder gut!"
"Dazu fehlt mir jetzt der Mut!"
"Sei doch bitte lieb zu mir."
"Also gut. Doch nur bis Vier!"

"Kommst du etwas sonst zu spät?"
"Ja, verdammt und zugenäht!"
"Also geht es heute nicht?"
"Nochmal Nein!"
schimpft das Gedicht.

Perfekt

Dies Gedicht ist voll perfekt.
Wetten, dass Ihr das nicht checkt?
Seine Form ist einwandfrei,
aber Euch ganz einerlei!
Jeder Vers glänzt lupenrein,
doch das interessiert kein Schwein!
Wäre es leicht fadenscheinig,
wären alle sich schnell einig!

Astrein schrieb ich dies Gedicht,
doch das seht ihr leider nicht!
Müh' mich ab mit meinen Flausen
und treff' hier nur auf Banausen!
Was wohl keiner von euch rafft:
Jeder Vers ist musterhaft,
läuft so rund als wie geschmiert,
auch wenn ihr das nicht kapiert!

Was ist mit Euch allen los?
Seht ihr nicht wie makellos
es in seiner Pracht erblühte,
weil ich mich darum bemühte?

Dies Gedicht ist lobenswert,
auch wenn niemand es erfährt!
Meisterhaft ist dies Gedicht,
auch wenn keiner drüber spricht!
Dies Gedicht ist formvollendet,
weshalb es hier unten endet!

Unverdrossen

Nie würde
ein Grashalm sprießen,
wenn wir ihn zweifeln ließen
an seinem Tun.

Ohne jemals zu ruh'n
zweifelt auch dieses Gedicht
niemals an seiner
vornehmsten Pflicht.

Es folgt stets dem eigenen
inneren Sinn,
ohne sich je zu fragen
Warum? und Wohin?
Denn es kennt den Ort
in der Zukunft noch nicht,
obwohl dieses Ziel
unentwegt zu ihm spricht.

Selbst,
wenn alles misslingt,
singt dieses Gedicht.

Es lässt sich nicht verdrießen.
Sogar, wenn es
aufmerksam scheitert,
erweitert es wirklich gekonnt
den eigenen Horizont,
um den Blick in die Welt auszuweiten
und mutig voranzuschreiten.

Getanzt

Es sehnt sich danach,
diese Tänze zu tanzen,
die grade modern sind.

Im Großen und Ganzen
muss es dann erkennen:
Der Rhythmus stimmt nicht!
Denn zwei linke Füße
hat dieses Gedicht.

Deshalb wagt es nicht,
sich im Raum zu bewegen,
und sich zu verstecken
scheint darum ein Segen.

Doch weil seine Seele
das Tanzen gern will,
verhalten die Füße
sich niemals ganz still.
Sie zucken und rucken.
Sie wippen und kippen.
Das arme Gedicht
beißt sich stumm auf die Lippen,
doch kann es
die drängende Leidenschaft
der Seele nicht stoppen,
die durch ihre Kraft
für sich nun
ganz eigene Tänze erschafft.

Das Gedicht tanzt zuerst
in verborgenen Räumen
nach Tangomusik
und zu Walzerträumen,
wagt zaghafte Sprünge
mit zitternden Gliedern
und dreht sich dann mutig
zu schnelleren Liedern.

Ohne es zu bemerken,
enfaltet es Stärken,
von denen es früher nie geträumt.

Etwas in ihm hat sich aufgebäumt,
sich entschieden,
die engen Grenzen zu sprengen,
um sich nie wieder
einzuengen.

So fühlt es sich später
dann endlich gesehen
von Menschen,
die all seine
Tänze verstehen
und lieben können
auf rauschenden Festen,
wo es fröhlich tanzt
für sie alle zum Besten.

Getäuscht

Drei Gedichte auf drei Pferden
reiten auf den rauen Bergen
in dem wildesten Galopp
durch die Schluchten ohne Stopp.

Mit den Sporen treibend, schwitzend,
auf gehetzten Pferden sitzend,
Sprünge über Spalten setzend,
sich am scharfen Stein verletzend,
ist ihr Ziel des Berges Spitze.

Dort hinter der Felsenritze,
wo der Fürst der Berge thront,
der in diesen Höhlen wohnt.

Er beschloss, um hier auf Erden
mächtig, groß und stark zu werden,
Blut von Wesen zu vergießen,
die für ihn ihr Leben ließen.

Er ermordete die Frauen,
der Gedichte, die sich trauen,
ihn hier oben aufzuspüren
und der Tat zu überführen.
Drei Gedichte - ein Versprechen:
"Wir woll'n uns're Frauen rächen!"

Dort schon führt ein schmaler Steg
zu dem Schloss, abseits vom Weg.

Mit den scharf gezackten Messern
in den muskulösen Händen,
um die Schlagkraft zu verbessern,
rücken sie voran an Wänden,
die mit Zeichen und Symbolen
(eingeritzt mit heißen Kohlen)
reich verziert, um zu verwirren,
damit Gegner sich verirren
in dem dichten Labyrinth,
das sich um die Kammer spinnt.

Drei Gedichte - drei bereite,
wild entschlossene, gescheite,
auf ihr Ziel klar ausgerichtet,
haben auf die Tat verzichtet.

In der Kammer, dort im Lichte,
sprach der Fürst:"Was ich berichte,
wird auch euch zu Wesen machen,
die den Tod befreit verlachen!

Seht mein Leuchten und mein Strahlen!
Ich will ja nicht damit prahlen,
doch ich frage:'Lohnt es sich?'"
Und sie rufen: "Sicherlich!"

Willig strecken sie die Waffen,
um das Wunder auch zu schaffen.

Drei Gedichte in der Nacht.
So getäuscht. Nun umgebracht!

Besiegt

Zwei Gedichte, sehr verliebt,
leugnen stets, dass es ihn gibt.
Denn es kann nicht richtig sein,
dass der Tod, kalt und gemein,
Menschen aus dem Leben nimmt.

"Jeder weiß, dass das nicht stimmt!"

Um der Wahrheit auszuweichen,
meiden sie Kontakt mit Leichen
und behaupten steif und fest:

"Jeder Tod ist nur ein Test!
Wenn man schlicht nicht an ihn glaubt,
wird der Tod auch nicht erlaubt!"

Will er trotzdem in das Haus,
liest er:"Wir sind kurz mal raus!"
Klopft der Tod dann an und spricht,
rufen sie:"Wir öffnen nicht!"

Auch wenn er die Sense schwingt,
beten sie, dass es gelingt,
und der Tod sie ignoriert,
aufgibt und dann abmarschiert.

Jetzt sieht man ihn heimwärts hinken.

Während die Gedichte winken,
braust ein rasender Applaus
rings um das verschonte Haus.
Was Ihr hier zu lesen kriegt:
Folge Eins von "Liebe siegt!"

Verliebt

Zwei Gedichte,
Hand in Hand,
schlendern froh
durchs Frühlingsland,
sind bis
über beide Ohren
liebestoll.

Ihr Herzrumoren
ist bis in den Wald
zu hören,
wo sich Fuchs
und Hase schwören,
dass sie lieber
lieblos motzen,
als so blöd
verliebt zu glotzen.

"Lieber bleiben wir
allein,
als so heiß
entflammt zu sein!"
schwören sie sich
in die Hand,
hüpfen froh
durchs
Frühlingsland.

Desdemona

"Die Liebe siegt!" - Hier Folge zwei.

Wir sind natürlich live dabei,
damit ihr spürt, warum es heißt,
dass Liebesschmerz ein Herz zerreißt!

Ein Gedicht mit blonden Haaren,
in der Liebe unerfahren,
hat sein Herz komplett verloren
an Othello, einen Mohren.

Er stand eines Tages da.
Es:"Ich bin Desdemona!"
Denn er fragte nach dem Namen,
als sie so zusammenkamen.

Es erweckte sein Vertrauen
durch die Art, so sanft zu schauen,
das sein Herz zärtlich berührte
und so zu der Ehe führte,
die sie bald darauf begannen.

Er fing an, sich zu entspannen,
sprach:"Ich möchte nicht mehr kämpfen!"
Vorher Krieger schien die Liebe
seine Mordlust nun zu dämpfen.

Sein Freund Jago, der gern streitet
und voll Stolz aufs Schlachtfeld reitet,
schaut mit Eifersucht und Neid
auf die traute Zweisamkeit.

Denn die ist ihm gar nicht recht.

Er macht Desdemona schlecht,
flüstert seinem Freund, dem Mohren,
hinterhältig in die Ohren:
"Es liebt Hauptmann Cassio!
Nur sein Lächeln macht es froh!"

Ach, Othello glaubt den Lügen!
Er wird Opfer der Intrigen.
Statt die Liebste zu befragen,
packt er sie voll Hass am Kragen,
will Desdemona erwürgen,
denn es gibt ja einen Bürgen
für die Untreue der Frau:
Jago sah es ganz genau!

Weh! Othellos starke Hände
wollen Desdemonas Ende!

Desdemona greift ein Messer.
Sie ist klug und weiß es besser!
Treibt den Gatten so zurück
und ruft:"Willst du unser Glück
wegen Jagos Neid zerstören?
Hier von mir sollst du es hören:
Jago ist in dich verliebt
und blieb bisher unbesiegt
bei dem Kampf um deine Liebe!
Er zieht mit dir in die Kriege,
weil er dich besitzen will!"

Es wird um Othello still,
bis er selbst die Stille bricht
und zu Desdemona spricht:

"Schon seit frühsten Kindestagen,
wollte ich mit Jago jagen.
Doch als starkes Mannsgedicht
durfte ich das damals nicht!"

Desdemona ruft verwegen:
"Ich erteile meinen Segen!
Werd' mit Jago endlich froh!
Ich geh' jetzt zu Cassio!"

Untermieter

Im Kopf des Gedichtes
wohnt jetzt eine Meise.

Sie nistete dort
so klammheimlich und leise,
dass nur das Gedicht
ihren Meisenpieps hört.

Deswegen glaubt man,
das Gedicht sei gestört.

Dabei ist es nur
ganz besonders sensibel
und schreibt,
was der Piepmatz
dort unter dem Giebel

ihm tagtäglich flüstert
frühmorgens und spät,
und wonach beim Abendrot
kein Hahn mehr kräht.

Winzig

Zwergenhaft ist dies Gedicht.
Winzig klein. Fast sieht man nicht,

wie es auf dem einem Bein
hüpft zu eurem Stelldichein.
Es singt laut und wunderbar.

Trotzdem wirkt es unscheinbar.

Manchmal schwebt es fein und zart.
Plötzlich wird es wieder hart.

Das nennt man wohl "elastisch".
Ich finde es phantastisch.

Mal ist es klein. Mal ist es groß!
Ich finde das Gedicht famos
und lege es euch in den Arm.
Gewiss erkennt ihr seinen Charme.

Seid nachsichtig und nicht gemein!
Ihr wisst gewiss, es ist noch klein.

Wohlwollen und Ermutigung!
Denn es ist ja noch frisch und jung.

Auf keinen Fall Kritik!
Die bricht ihm das Genick!

Verabredet

Ich warte treu auf ein Gedicht.
Bisher erschien es aber nicht.

Es hatte mir versprochen,
an meine Tür zu pochen,
sobald sein Herz sich in ihm rührt
und es die große Liebe spürt.

Den ganzen Tag warte ich nun.
Dabei hätte ich viel zu tun!
Das Notwendigste tu ich nicht,
denn ich erwarte das Gedicht,
das eine, das mich wirklich liebt
und mir das, was mir zusteht, gibt.

Nun mache ich mir Sorgen.
Könnt ihr mir nicht eins borgen?
Ein Verslein, das mich
glücklich macht,
das mit mir weint
und mit mir lacht,
ein Vers, der mich
mit Stolz betrachtet
und mich in
meinem Wesen achtet,
kurzum ein Rundherumgedicht
zum immer wieder glücklich sein.

Was sagt ihr da?
Das gibt es nicht?
Ihr seid ja wirklich so gemein!

Realistisch

Realistisch - ein Gedicht:
"An die Liebe glaub' ich nicht!

Nur die nackten Fakten zählen!
Was soll ich mich lange quälen?
Ja! auf Frage eins bis drei,
dann bin ich sofort dabei!

Erste Frage: Hast du Geld?
Dann lebst du in meiner Welt!

Zweite Frage: Bist du reich?
Dann bist du sogleich mein Scheich!

Dritte Frage: Viel Moneten?
Du darfst meinen Körper kneten!"

Statt der Liebe zählt nur Geld
in der materiellen Welt,
während unerhörte Herzen,
stumm und ausgehungert
schmerzen.

Empathisch

"Spürst du mich ganz wirklich?"
fragt mich ein Gedicht.
Ich gebe mir Mühe,
doch spür' ich es nicht.

"Mach ich es auch gut so?"
"Du machst es ganz fein!"
Das lüge ich. Mir fällt
nichts anderes ein.

"Liebst du mich von Herzen?"
"Ich liebe dich sehr!"
Ganz ehrlich, ihr Leser,
das Lügen fällt schwer.

"Schwör' bei deiner Seele!
Bist du mir auch treu?"
"So wahr mir Gott helfe!
Und das ist mir neu!"

"Spürst du, dass ich hier bin?"
fragt mich ein Gedicht.
Ich nicke ganz heftig.
Aus Liebe wird Pflicht.

Keinesfalls

Keinesfalls will dies Gedicht,
dass man offen d'rüber spricht.
Falls jemand es nicht verschweigt,
wird ihm eine Faust gezeigt.
Hat es einer doch versucht,
wird er lebenslang verflucht.

Sogar dann, wenn einer lacht,
wird ihm der Garaus gemacht.
Lässt man es genervt links liegen,
werden sich die Balken biegen.
Spricht man es geduldig an,
wird das Thema abgetan.

Fest entschlossen macht es dicht,
sonst verliert es sein Gesicht.

Aber sprichst du es nicht aus,
wirft es dich gekränkt hinaus.

Niemand macht es diesem recht.
Was du auch versuchst, ist schlecht.

Bis wir sein Begehr'n versteh'n,
wird bestimmt viel Zeit vergeh'n.

Bedenken

Ein Gedicht
gibt zu bedenken,
reinen Wein
nicht einzuschenken.

Reiner Wein
bekommt
meist keinem.
Wer ihn trinkt,
muss häufig
weinen,
denn,
muss man die
Wahrheit schauen,
ist sie oft
schwer zu verdauen.

Dies Gedicht
empfiehlt uns drum:
"Trinkt Kakao
mit sehr viel Rum!"

Versagt

"Nichts kann ich richtig!"
klagt dieses Gedicht.
"Sogar, was mir
wichtig ist,
schaffe ich nicht!
Zu nichts zu gebrauchen
ist meine Person!
Ich wurde geboren,
dem Leben zum Hohn!
Zum Spott für Gott
bin ich gemacht!
Wer hat sich mich
bloß ausgedacht?"

Gott hat geschmunzelt,
als er hörte,
wie das Gedicht
sich krass empörte.
Worauf er diese
Antwort schrieb:
"Zunächst einmal:
ich hab dich lieb!
Doch mal ganz ehrlich,
ohne Fragen,
was du am besten
kannst, ist Klagen!
Dein Jammern stimmt mich
immer heiter,
darum mach bitte damit weiter
und sei ein Beispiel, ehrenvoll,
dafür, wie man's nicht machen soll!"

Verspätet

Ein Nachzügler
ist dies Gedicht,
denn es fand
seine Richtung nicht.
Es irrte durch
das Labyrinht,
in dem so viele
Wege sind,
dass es den Lebenspfad
verfehlte
und eine falsche
Richtung wählte.

Verspätet
fand es aber auch
den Kompass, der,
versteckt im Bauch,
ihn führte. So wie
alle andern
kann es nun weiter
vorwärts wandern.

Denn falsche Wege
gibt es nicht,
entdeckt
am Ende
das
Gedicht.

Auferstanden

Ein Gedicht
will seinen Erben
zeigen, dass
entspannt zu sterben
etwas ist, das
jeder kann,
jede Frau
und jeder Mann,
atmet tief
in seinen Bauch,
lockert seine
Schultern auch,
löst sich langsam
von den Knochen,
fühlt aber
sein Herz noch pochen,
denn das hängt
an seinem Leben.
Statt entleibt
davon zu schweben,
kehrt es in
den Leib zurück,
denn es spürt:
Hier ist noch Glück
in dem schönen Erdengarten
mit dem Körper zu erwarten.
Sehr zum Ärger
der Enterbten,
die sich grün
vor Neid
verfärbten.

Armer Poet

Dieses Gedicht
ist ein armer Poet.
Er dichtet tagtäglich
frühmorgens und spät,
ersinnt schöne Verse
mit Schwung und Elan,
reimt trotz seines Hungers
so gut, wie er kann.

Die Dichtung behandelt
ausbleibendes Glück
und kommt, ihn frustrierend,
bald wieder zurück.
Erfolg ist dem Dichter
daher nicht beschieden.
Fortuna hat ihn deshalb
immer gemieden.

Doch weil ein Herr Spitzweg
ihn frech porträtierte
und er dann im Heft
namens "Die Illustrierte"
auf vorderster Seite
bunt aufgemalt stand,
ist er nun bei Menschen
und Medien bekannt.

Der plötzliche Ruhm
macht ihn aber nicht reich.

Er bleibt weiter hungrig
und flüstert sogleich:

"Die Bilderbetrachter
- sie wollen mich arm
und finden, die Armut
wär' grade der Charme
des Bildes von Spitzweg,
dem fähigen Maler!
Gehören dem Dichter
nicht auch ein paar Taler?"

Nutzlos

Dieses Gedicht fällt
wie Regen auf Stein.
Ein Sinnbild für:
vollkommen
untauglich sein.

Es hat keinen Wert
und erfüllt daher nicht
die von ihm erwartete
Staatsgedichtpflicht.

Was taumelt der Nichtsnutz
so ziellos daher
und wirbelt so unsinnig
durch dieses Meer

aus Blüten und Kelchen
in farbiger Pracht,
als wäre es nur für
das Flattern gemacht?

Ein Schmetterling,
ist das Gedicht, das ich fing:
ein flatterhaft schillerndes,
wertloses Ding.

Der Markt hat geprüft,
was ihm Nutzen verleiht
und es damit folglich
dem Tode geweiht.

Man spießt es auf eine
versilberte Nadel
und so gelangt es
im Museum zu Adel.

Es ist endlich nützlich
und findet das klasse,
denn sein Tod bringt Geld
in die gähnende Kasse.

Ich schreibe

auf ein

Stück Papier

Ich schreibe

Ich schreibe auf ein Stück Papier
Gedichte. Ich kann nichts dafür.
Das Dichten liegt mir halt im Blut.
Darum gelingt es mir so gut.

Ich schreibe mit dem Fingerhut
in eine Schale Butter.
Ich schreibe mit dem filigranen
Füller meiner Mutter.

Mit Wäscheklammern texte ich
Klamotten auf die Leine.
Mit Nagelspitzen ritze ich
Lyrik in flache Steine.

Mit einer Schere schneide ich
Textspalten in ein Tuch
und knote in die Ecken
einen hundsgemeinen Fluch.

Auf zartes, rosa Klopapier,
versteckt im Damenklo,
schreibe ich mit gezapftem Blut
von einem frechen Floh.

Mit schwarzer Kohle zeichne ich
Reime auf Backpapier.
Mit scharf geschliff'nen Messern
auf die Lederhaut vom Stier.

Ich knüpfe mit den gelben,
aus dem Mund geriss'nen Zähnen
Terzinen der Vergänglichkeit
in schwarze Löwenmähnen.

Ich schreibe mit dem letzten Haar
von meinem kahlen Kopf.
Ich schreibe mit dem blonden,
elegant geflocht'nen Zopf,

den ich dem Weib vom Haupte schnitt,
das tollkühn auf dem Wallach ritt.
(Auf einem Wallach durch den Wald.
Wohin? Warum? Ihr wurde kalt.)

Ich dichte selbst mit langen,
spitzen, rot lackierten Nägeln
auf blaue Wellen aus Satin,
wenn wir durch Kissen segeln.

Weil dies, mein Herz,
der Dichtung gilt,
will ich es froh verschenken.
Sobald ich ausgeblutet bin,
könnt ihr gern an mich denken.

Auf dem Jenseitsplaneten,
weit weg in der Ferne,
dichte ich dann als Seele
unglaubliche Sterne.

Worüber

Ich könnte ein Buch
über Kniestrümpfe schreiben.
Doch rät mir mein Lektor:
"Das lass lieber bleiben,
denn Kniestrümpfe zählen
(kariert) zu den Themen,
von denen zu dichten
Poeten sich schämen!"

Deshalb schrieb ich
Lyrisches über die Bahn,
die immer zu spät war,
auch wenn sie mal kam.

Ich dichtete stolz
über Cowboykopfhüte,
die Johnny nicht trug,
denn er nahm eine Tüte
und setzte sie sich
feierlich auf das Haupt.
Den Text hat mein Lektor
jedoch nicht erlaubt.

Die Verse vergilben
darum in der Lade.

Ein Leserbrief schrieb mir,
er fände es schade,
dass ich über Liebe
niemals etwas reime.

("Kein Thema für mich!
Es enthält zu viel Keime!")

Niemals möchte ich
über Maiglöckchen schreiben.

Von Liebe zu schwärmen,
das lasse ich bleiben.
Gefühle sind sicherlich
nicht mein Gebiet,
auch wenn mein Verleger
schon oft dazu riet.

Von aufbrausend wilder
Erregung zu dichten
ist nur was für Träumer
und lockt mich mitnichten.

Doch wie soll ich Lyrik
mit Primzahlen malen?
Wer liest gerne Hymnen
auf Geometrie?

Ich dichtete Oden
gebrochener Zahlen
als Kind in der Schule.
Das mochte man nie!

Ganz früh schon zog es
mich zur Mathematik.

Ich fand nur in Zahlen
und Ziffern mein Glück!

Die Drei und die Sechs
und die Neun und die Acht
sind als Schleifen der Zeit
so wie Kurven gemacht.

In ihrer Umarmung
war ich endlich frei
und genoss ihre
wogende Rundung
dabei.

Wann und Wo

Ich schleiche auf schaukelnde
Schiffe im Hafen,
betreibe mein Handwerk,
wenn alle fest schlafen.

In dunkle Kajüten
will ich mich nachts wagen
und schreibe Gedichte
auf Hemden und Kragen
im Traum lebhaft
schwitzender
Südseematrosen.
Ich schreibe mit Tinte
auf schneeweiße Hosen.

Am Tage besuche ich
Kaufhausfilialen,
um meine Gedichte
auf Tüten zu malen,
verstecke die Lyrik
in Sauerkrautdosen
und in der Verpackung
von Suppen und Soßen.

Auf Glasvasen tupfe ich
Laute und Silben.
Ich dichte im Bett
zwischen Läusen und Milben.

Den Stift zwischen Zähnen
und auf allen Vieren
verspotte ich Knigge
und gute Manieren.

In grusligen Schlössern
mit Burgplatzgespenstern
platziere ich Dichtung
an Türen und Fenstern.

Ich tupfe auch Tüpfer
auf schmutzige Schlüpfer,
denn ich weiß, dass jeder,
der immerzu schreibt,
auch nach seinem Tod in
Erinnerung bleibt.

Ich schreibe auf...

Ich schreibe auf meinen
strickenden Hund:
"Diesmal treibst du es
wirklich zu bunt!
Ein Hund, der strickt,
der tickt nicht richtig
und macht sich einfach nur
furchtbar wichtig!"

Ich schreibe auf eine
verstummende Harfe:
"Für hauchzarte Saiten
gibt's keine Bedarfe!"

In einen vom Sturmwind
entwurzelten Baum
ritzt die Baumbeschützerin:
"Aus ist der Traum!"

Auf eine badende Tortellini
schreibe ich wohlwollend:
"Dieser Bikini
steht dir zwar
überhaupt nicht gut!
Doch ich bewundere
deinen Mut!"

Ein Schal,
in den Arm
eines Mantels gesteckt,
schreibt:
"Mantel,
du hast meine Liebe geweckt!
Noch nie fühlte ich mich
so herrlich geborgen.
Von dir warm umhüllt,
vergess' ich die Sorgen!"

Ich schreibe empört
auf ein quiekendes Schwein:
"Dass du dich so aufregst,
muss wirklich nicht sein!
Nur weil wir dich schlachten
und würzen und essen,
so heftig zu quieken,
ist unangemessen!"

Ich schreibe auf eine
alte Schabracke:
"Aus dir mach' ich jetzt
eine ganz neue Jacke!"
Dann, als ich mich später
im Spiegel bestaune,
so herrlich betucht
- hebt sich meine Laune.

Ich schreibe auf hellbraune
Sattel aus Leder:
"Auf Pferden zu reiten,
das kann doch ein jeder!"
Wir aber bezähmen
die wildesten Ballen
aus dampfendem Heu
- wenn wir es heut' schnallen!

Ich schreibe auf meinen Sohn:
"Mur Mut! Glaub' mir,
das Kleid steht dir wirklich gut!
Drum raff deine Röcke
und sei ein Mann,
der es den anderen
zeigen kann!"

Auf eine laute, kleine Trompete,
schreibe ich:
"Wie gut es mir täte,
du wärst etwas leiser
- dann wäre ich froh!"
Sie: "Geht nicht,
ich übe für Jericho!"

Ich schreibe auf eine
Gras kauende Kuh:
"Ich liebe die Ruhe
in deinem MUH! MUH!"

Auf Herbert,
das endlich
gebändigte Pferd,
schreibe ich:
"Prima machst du das, Gerd!"
Doch das Pferd, ganz beleidigt,
es heißt gar nicht so,
galoppiert in den Wald
und
verschwindet
dann
wo.

Ausgelassen

In dem Text, den
ich geschrieben,
sind Vokale
ausgeblieben.
Darum sind nur
Konsonanten
in dem kurzen Vers
vorhanten.

"RBLS*, KRTZFSS*, TNCHTGT*!"
Das bewerten
Leser gut.

Doch die meisten
Anverwanden
haben bisher
nicht verstanden,
dass auch Konsonanten
litten
und mir aus den
Fingern glitten.

Moni Meloni

Füller

Moni Meloni schreibt
auf ihren Füller:
"Dieses Gedicht wird
ein klangvoller Knüller!
Es reimt sich am Ende.
Der Anfang klingt schlicht.
Das schmeichelt dem Rhythmus
in jedem Gedicht."

Ritter

Moni Meloni
schreibt auf ihren Ritter:
"Dass du mich verlassen hast,
finde ich bitter!
Ich war mir so sicher,
du wärest mein Retter,
doch du flüchtest gleich
bei dem ersten
Schlechtwetter!"

Gatte

Moni Meloni schreibt
auf ihren Gockel:
"Ich stellte dich früher
hoch auf einen Sockel
und dachte,
du wärest von allen
der Klügste,
bis ich dann bemerkte,
dass du mich betrügste!

Jetzt weiß ich:
Ich bin von uns beiden
die Beste!
D'rum kriegst du
vom Essen
auch nur noch die Reste!"

Und später beschließt sie,
sich von ihm zu trennen.
Sie ist überzeugt,
den Gefährten zu kennen
und glaubt, dass der Gierige
nur an sich denkt,
wenn er ihr Pralinen
zum Hochzeitstag schenkt.

Die futtert er gleich
in der folgenden Nacht
und tut so,
als hätte er gar nichts gemacht.

"Scheinheilger Gatte,
ich hab' dich durchschaut!
Du hast die geschenkten
Pralinen geklaut
und selber zerkaut!"

Weshalb sie ihn haut!
Wonach sie ihn mit
einem Hammer erschlägt
und heimlich nachts
in ihrer Kammer zersägt,
denn ein Gatte,
der alles nur selber verputzt,
hat noch nie
seiner
liebenden Gattin
genutzt.

Schürze

Moni Meloni schreibt
auf ihre Schürze:
"Sei bitte nicht böse,
wenn ich dich jetzt kürze!
Du warst schon zu lang,
als ich dich damals kaufte
und mich wegen dir
mit der Nachbarin raufte."

Liebe

Moni Meloni
hat Pech in der Liebe
und es wäre falsch,
wenn ich nicht drüber schriebe,
denn schließlich hat nun
auch ihr Mann sie verlassen.

Doch sie ist entschlossen,
ihn niemals zu hassen.

Ihr Mann gestand ihr
nach der Scheidung:
"Ich trage gerne
Frauenkleidung,
denn meine Seele
ist ein Weib,
verirrt in einem
fremden Leib!"

Moni nahm zärtlich
seine Hand
und sprach, weil sie
es nicht verstand:
"Als wir uns damals
küssten, Walter,
trugst du noch
keinen Büstenhalter.

Auf dem Balkon,
an dem Geländer,
warst du bestimmt
noch nicht transgender.

Ich wünsch dir
trotzdem alles Gute
und nenn dich,
wie du willst, jetzt Ute.
Im Herzen bleibst
du aber Walter!
Also, mach es nun gut,
mein Alter!"

Glück

Moni Meloni riskiert
einen Blick.
Vom Schicksal bestimmt,
hat sie diesmal auch Glück.

Der, den sie erwählt,
ist noch nicht vermählt.
An seiner Bestimmung
gibt es nichts zu rütteln,
denn, wie man sieht,
weiß er sein Becken
zu schütteln,
und kann seine Hüften
zu jeder Zeit lüften.

Doch wie kann man den
nun erwählten Athleten
dazu motivieren,
ihr Haus zu betreten?

Er soll Moni schwängern,
die Reihe der Ahnen,
die vor ihr schon kamen,
dadurch zu verlängern.

Denn das war der Plan,
der im Traum zu ihr kam:

Den Spender der Samen
für Kinder zu finden.

Doch der sollte später
dann wieder verschwinden.

Kann sie ihm die
kostbare Fracht
wohl entlocken?

Wenn Sie davon wüssten,
es würde Sie schocken!

Deswegen will ich Sie
mit Informationen,
was Moni getan hat,
für immer verschonen!

Besessen

Moni Meloni
sucht Nähe und Liebe.
Das Schicksal bringt aber
nur schmerzhafte Hiebe
für dieses Begehren.

Es will sie belehren,
sich nicht auf das
Finden von IHM
zu versteifen.
Es gibt IHN nicht
und das muss sie
nun begreifen.

Doch in ihrem Wahn
glaubt sie:"Eines nur zählt:
Ich will ihn besitzen,
den ich auserwählt!"

Sie schreibt seinen Namen
auf haushohe Wände,
mäht Bilder von ihm
in das Wiesengelände,
schickt Briefe an ihn,
ruft ihm laut hinterher:
"Nun bleib endlich stehen!
Kommst du jetzt wohl her?!"

Sie kreischt
und macht Szenen.

Ich muss nicht erwähnen,
dass ihm das missfällt.
Für kein Geld der Welt
wird er Moni gestatten,
aus ihm unter Zwang
ihren Gatten
zu machen.

Man hört ihn nur lachen,
als sie sich sein Bild
auf den Po tätowiert
und sich nicht geniert,
es ihm sogar
vor allen Leuten zu zeigen.

Sie schämt sich auch nicht,
sich vor ihm zu verneigen
und laut zu verkünden:
"Ich bin dir so gut!"
Doch weckt diese Liebesglut
nur helle Wut.

Er sucht lieber Zuflucht
bei Ziegen und Schafen,
als willenlos in ihren
Armen zu schlafen.

Sie klaut seinen Pass
und verhindert die Flucht.
Die Liebe wird drastisch
und wie eine Sucht.

Sie folgt ihm
in finstere Tunnel,
auf Brücken,
nach Stürzen
verfolgt sie ihn
mit ihren Krücken,

bedrängt ihn so humpelnd,
wie rauschhaft versunken.

Doch er hat ihr
nicht einmal dann zugewunken,
als er in den Fluß sprang.

Dort ist er ertrunken.

Schaflos schlafen

Moni Meloni
liegt müde im Bett.

Es wäre so nett,
endlich schlafen zu können!

Doch jedes Mal wenn sie
beginnt einzuschlafen,

verzählt sie sich wieder
beim Zählen von Schafen.

Sie muss immer wieder
von vorne beginnen,

und sieht dabei Stunde
um Stunde verrinnen.

Frisörbesuch

Moni Meloni schreibt:
"Freunde, ich schwör',
ich hasse die Stunden
bei meinem Friseur!
Ich seh' dort im
schonungslos
grellweißen Licht
mein früh schon gealtertes,
blasses Gesicht!

Im Spiegel erscheinen mir
Runzeln und Falten
so abgrundtief wie
bei dem Gletscher
die Spalten!

Ich will nicht mehr leiden,
mein Haar selber schneiden.
Dann wird man mich um
meine Freiheit beneiden.

Mein Handwerkszeug sei
dieser schnurg'rade Kamm.
Mit dem zieh' ich kräftig
die Kopfhaare stramm
und trenne dann hastig
mit glutheißer Schere
was trennenswert wäre!

Das Haar, es fällt!
Ich bin entstellt!
Und für kein Geld
auf dieser Welt
will ich mich auf
die Straße wagen.
Ab nun muss ich
ein Kopftuch tragen.

Schattenlicht

Moni Meloni schreibt
an ihre Mutter:
„Bei mir ist wie immer
rein gar nichts in Butter!
Mein Leben ist furchtbar,
nur Ärger und Frust!
Hast du das bei meiner
Geburt nicht gewusst?

Kein Mann, keine Kinder,
kein Job weit und breit!
Mein Alltag besteht nur
aus Kummer und Leid.
Warum hast du mir
diesen Körper gegeben?
Ich wär' lieber tot,
als so weiterzuleben!"

Mama schreibt:
„Ach, Moni,
ich kann dich verstehen.
Doch hast du schon mal
aus dem Fenster gesehen?
Der Himmel ist blau und
die Sonne scheint hell.
Nur Dunkles zu sehen,
gelingt allzu schnell.
Es wechselt der Tag
mit der finsteren Nacht.

Am Firmament aber
erstrahlt eine Pracht:
voller funkelnder Sterne,
die herrlich erstrahlen
und mit ihrem Leuchten
den Kosmos bemalen.
Denn nur in der Finsternis
siehst du das Licht,
das uns eine Hoffnung
auf Zukunft verspricht.

Dein Leid kann ich
so nicht verbrennen,
doch manchmal hilft es,
zu erkennen,
dass wir in Gott
geborgen sind.
Mehr weiß ich leider nicht,
mein Kind."

Monsieur
Töff Töff

Frühjahrsputz

"Überall der ganze
Staub und Dreck!",
spricht Töff Töff,
"So geht es nicht mehr weiter!
Dieser ganze Staub
muss endlich weg!"
schimpft er und
besteigt die lange Leiter.

Dort von diesem
prominenten Posten
aus kann er das ganze
Drama kosten,
kann den Staub in all
den vielen Ecken
ohne Lupe ganz
genau entdecken,
rutscht dann von
der breiten Leiter runter
und wird endlich
für das Putzen munter.

Jetzt holt er
den Schrubber aus dem Stall,
rüstet sich für
einen Überfall
auf den dicken Dreck
und den Gestank
in dem Schrank und
auf der Küchenbank,

reitet mit dem Schrubber
durch die Küche
und vertreibt Gestank
durch Wohlgerüche.

Er poliert die
Lampen und die Wände,
reibt sich voller Eifer
beide Hände.
Mit dem Schwamm,
getränkt in Scheuermilch,
löst er von dem Klo
den alten Knisterknilch
und entfernt mit
harter, schwarzer Bürste
von dem Küchenherd
die fetten, alten Würste.

Selbst die festgefror'nen
Schimmelkäseecken
in dem Kühlschrank
kann er nun erwecken,
spricht zu sich:
"Was bist du für ein Schwein!
So was darf in Zukunft
nicht mehr sein!"

Er genießt, wie
alles so frisch duftet,
prahlt damit, dass er
so hart geschuftet,
ist erstaunt und

überaus verdutzt,
denn das Putzen hat
wohl was genutzt.

"Weil der Hausputz
so erfolgreich war,
hält die Wirkung an,
wohl für ein ganzes Jahr!"
denkt er und kann
seine Kräfte richten,
um ein Jahr lang
ungestört zu dichten.

Prösterchen

Töff schreibt auf eine Pulle Bier:

"Mit dir ist es gemütlich hier!"

Dann ruft er fröhlich: "Prösterchen!"

geschützt in seinem Klösterchen.

Er ist zwar gar nicht gern allein,

glaubt aber fest, es muss so sein.

"Denn wenn ich in Gesellschaft bin,

steht mir nach Einsamkeit der Sinn!

Die Menschheit macht mich nicht mehr froh!"

schreibt er enttäuscht. "Ich bin halt so!"

Ansonsten schreibt er: "Dauerhaft

hat niemand es bisher geschafft,

mir mehr zu sein als dieses Bier."

Deswegen sitzt er abends hier,

trinkt Bier und schreibt dabei Geschichten,

über die wir erfreut berichten.

Behütet

Monsieur Töff Töff hat einen Hut,
der steht ihm überhaupt nicht gut.
Töff ist aber von ihm besessen
und möchte ihn am liebsten essen.

Doch dann gäb' es den Hut nicht mehr
und ohne Hut - das wäre schwer.

Der Hut war nämlich mal verschwunden
und Töff, anstatt nun zu gesunden,
erkrankte an dem schweren Mut.
Da war dann lange gar nichts gut,
bis dieser Hut sich wieder zeigte
und Töff ihm seine Meinung geigte.

Töff und sein Hut, das sind zwei Dinge,
verbunden wie durch Eheringe.

Der Hut (Baumwolle, Farbe: schwarz)
hält nur zusammen durch das Harz,
mit dem Töff Töff die Krempe stärkte
und riecht nach Wald, wie jeder merkte.

Wer diesen Hut gehäkelt hat,
das rätselt schon die halbe Stadt.
Dem Hut wächst an der linken Seite
ganz grob gestrickt in ganzer Breite
ein herbstlich buntes, großes Blatt,
wie man es gern auf Bäumen hat.

Es aber auf dem Kopf zu tragen,
das würde sich sonst keiner wagen.
Nur Töff, der durch
die Stadt marschiert,
trägt diesen Hut
ganz ungeniert
und glaubt,
der Hut stände ihm gut.
Monsieur Töff Töff
hat wirklich Mut.

Eingekleidet

Monsieur Töff Töff ist
schlecht gekleidet.
Sein Gatte,
der darunter leidet,
bedrängt ihn oft,
sich fesch zu kleiden.
Doch Töff kann
Eleganz nicht leiden.

Er mag ihn nicht,
den schönen Schein,
und denkt: "Verkleidung
muss nicht sein!"

"Ich bin ja nur
von außen grau!"
denkt er und findet
dann: "Genau!
Von Innen bin ich
doch ganz bunt!"
Das tut er aber keinem kund.

Bis eines Tages ein Designer
bemerkt:"Wie du
kleidet sich keiner!"
Plötzlich ist Monsieur angesagt.
Sein Dresscode wird
jetzt nachgefragt.
Und wer sich so
wie Töff Töff kleidet
wird um das Outfit
sehr beneidet.

Abendroutine

Pünktlich beim Sonnenuntergang
schlendert er diesen Pfad entlang.

Töff kennt ihn gut, denn er lenkt gern
die Schritte hin zum "Roten Stern".

Das "Gasthaus Fröhlich" an der Ecke
ist erstes Ziel der Wegestrecke.
In dieser ehrenwerten Schänke
prüft er die Wirkung der Getränke.

Danach kehrt er im "Amtskrug" ein
und leert dort einen Becher Wein,
um wissenschaftlich festzustellen,
ob dadurch Körperteile schwellen.

Im "Rasthaus Biber" gibt es Bier,
so bitter wie sonst nirgends hier,
fand Töff heraus durch Analyse
der biergetränkten Hypophyse.

Zum Schluss genießt Monsier Töff Töff
ein ungewöhnliches Gesöff
aus Schnäpsen, die ein Freund serviert,
den es vor allem interessiert,
ob Dichtung davon profitiert.
Zurückgetorkelt durch die Nacht,
damit er nicht um Schlaf gebracht,
schläft süßlich säuselnd er dann ein
und träumt von Schokoladenwein.

Buchkritik

Töff schreibt böse an Max Frisch:
"Vor mir hier auf diesem Tisch
liegt Ihr Buch über Herrn Stiller,
und ich frag mich ernsthaft:"Will er
Freundschaft schließen mit dem Ich
oder bleibt er zögerlich?

Nehmen wir mal an, er fände...,
nähm' sein Ich in beide Hände..,
würde er dann nicht entdecken:
'Dieses Ich ist zum Erschrecken!'?

Hat das Ich zuviel Gewicht,
hilft dir die Beziehung nicht!
Mein Ich wird mich niemals kriegen,
nicht auf Brechen, nicht auf Biegen!
Selbstentfremdet lebe ich
dieses Leben ohne mich!"

Detektivarbeit

Monsieur Töff Töff fing einen Dieb,
der viel zu lang am Tatort blieb,
weil in dem Dieb die Frage tobte,
ob jemand seinen Diebstahl lobte
und er, der Dieb, ein Meister sei.
"Jetzt nicht mehr. Bitte. Bin so frei!"

Reiselust

Monsieur Töff Töff macht eine Reise,
und er macht dies, wie alles, leise,
mit Zeigefinger auf Papier,
so eben ganz nach Töff-Manier.

Anstatt von da nach dort zu fliegen,
träumt Töff entspannt vom Flügelkriegen.

Er schwebt in seinen Urlaubsträumen
davon. So wird er nichts versäumen.

Die schönsten Orte dieser Welt
hat er in seinen Traum gestellt
und fliegt durch seine Phantasie
von London bis nach Helsinki.

Die ganze Welt ist ihm vertraut,
denn er hat sie im Traum geschaut
..und zwar zuhaus, auf dem Papier,
so eben ganz nach Töff-Manier.

Sauerkraut

Monsieur Töff Töff aß Sauerkraut
und hat es viel zu schnell verdaut.
Das merkt er aber erst am Ring,
an dem er dann spazieren ging.
Weit weg von jeder Toilette
und fernab jeder Etikette
verletzte er in seiner Not
sogar das Hundekotverbot.
Das Kraut rumort in seinem Darm
und Töff Töff, ohne jede Scham,
macht Häufchen dort in einen Garten,
in dem die sonnengelben, zarten
gepflanzten Blümelein erblühen
oder sich doch darum bemühen.
Beziehungsweise sich bemühten,
denn nun, mit kleinen, braunen Hüten,
mag keiner sich an ihnen freuen.
Wenn doch, wird er es sehr bereuen.
Töff aber schleicht befreit nach Hause.
Er stellt sich unter seine Brause
und hofft, dass er nicht mehr vergisst,
dass Sauerkraut gefährlich ist.

Geklaute Poesie

Monsieur Töff Töff
schreibt gern Gedichte
und schickt sie dann
an seine Nichte
(die Tänzerin Tatjana Töff).

Sie wohnt auf dem Mont Öfferöff.
Doch seine Texte liest sie nicht,
denn sie verabscheut jede Pflicht.

Der Freiheit ist sie nur verpflichtet
und nicht dem Onkel, der viel dichtet.

Sie gibt die Briefe ihrem Diener
Tex Dexter.
Der ist ein Schlawiner
und schickt die Dichtung dem Verlag.
Der druckt sie dann
mit Dexters Namen,
gemäß dem Honorarvertrag,
wodurch sie dann
zu Reichtum kamen
(Tex Dexter und die böse Nichte!)

Das ist das Ende der Geschichte

Kollaborabora

"Komm, wir machen ein Gedicht!"
"Nein!",knurrt Töff,
"Ich will das nicht!
Niemals wieder
mit dir dichten!"

Sein Freund will
den Streit gleich schlichten,
schwärmt:"Die Melodien der Laute
und die Klangfarben der Silben..."

"Dumm, dass ich dir je vertraute!",
mault Töff Töff, "Lass sie vergilben!"

"Wortpigmente! Sprachfarbsätze!
Alles, was ich an dir schätze!"

"Schmeichle dich nicht bei mir ein!
Du bist tückisch und gemein!"

"Denk doch an die Klangreimfluten,
die in deinem Geiste ruhten
und sich wünschten, aufzutauchen!"

"Wirst du auch nie wieder rauchen?"

"Gut. Ich schwöre: 'Um die Pfeife
mache ich jetzt eine Schleife,
so dass nicht der kleinste Dunst
uns're Dichterkunst verhunzt!'"

"Schwörst du das
bei deiner Lunge?"
"Ja, ich schwöre,
alter Junge!"

"Das ist gut,
denn wenn wir reimen
und aus hoffnungsvollen Keimen
anspruchsvolle Verse formen,
streng nach künstlerischen Normen,
will ich,
dieser Raum hier sei
von Qualm, Staub
und Abfall frei.
Ganz zuletzt dann eben auch
frei von deinem Pfeifenrauch!"

Beide reichen sich die Hände.
Töff schreibt Verse an die Wände,
reimt mit gutem Mut und heiter
oben auf der Dichterleiter,
bis sein Freund,
der harmlos pfeift,
heimlich nach
der Pfeife greift.

Lohn des Künstlers

Monsieur Töff Töff
steht in der Gunst
von Gönnern
für die schöne Kunst.

Er bettet auf
zwei schlanke Vasen
von ihm bemalte
Seifenblasen,
auf die er dann
Gedichte schreibt.

Damit die Dichtung
dort nicht bleibt
zerschlägt er sie
danach ganz stolz
mit Kochlöffeln
aus Ebenholz.

Am Ende dieser
Kunstaktion
erhält der Künstler
seinen Lohn:

Zwei
Seifenblasenamulette
an einer
unsichtbaren Kette.

Kurschatten

Monsieur Töff Töff in einer Kur
denkt: "Mir hilft nur noch die Natur!
Reine Chemie half mir noch nie!"
Er hofft auf Homöopathie.

Von aufgesuchten Pathologen
fühlt sich Monsieur Töff Töff betrogen.
"Sie haben alle, nach Belieben,
erst teure Medizin verschrieben,
mir Blut und Euros abgeknöpft.
Ich fühle mich total erschöpft."
Schließlich lief alles aus dem Lot,
bis man schon glaubte, Töff sei tot.

Nun läuft er zwischen Wind und Regen
die Berge rauf auf Wanderwegen
und wieder runter in das Tal.
Davon wird seine Hüfte schmal
und er (und das nicht ohne Grund)
wird schnell an Leib und Geist gesund.

Poems are Personalities

This poem is not my idea

This poem is not my idea.
It seems as if it's sitting here
and speaks to me: "Write, what I say!"
I did so.
Now I go my way.

This poem is an ugly car

This poem is an ugly car
more ugly than all others are.
Its wheels are crooked like bented eggs
that have been fried on heated heads.
Despite of that I have to drive
this car during the rest of live.

This poem is a poetaster

This poem is a poetaster
who likes to dwell in dark disaster.
He never seeks the path of luck,
for in despair, his soul is stuck.
To stay unlucky is his fun,
unhappiness his morning sun.

This poem is a cruel Queen

This poem
is a cruel queen,
so wicked
'cause she
was never seen.
She beats those men
who gives her smile
for ever
with her
strong black bile.

A Poem, knocking at the Door

A poem, knocking at the door.
I ask: "What are you knocking for?"
"Searching for Master or Mistress!"
He doesn't mean myself, I guess.
"Make me a poem, be my knight,
and I can make your life all right!"
"I'm not the one you really need!"
"You are!" it begged. I agreed
and made a poem out of it.
I hope you like what I did knit.

A shabby dog

A shabby dog, roaming around,
searching a task, but nothing found,
sat suddenly in front of me
and barked: "Want to be poetry!"
So he harassed my peaceful rest
and forced me until I had blessed
the doggy, made a rhyme of him.
Thereafter he stopped his sit-in.

This poem is a lonesome rider

This poem is a lonesome rider,
who travels on a red-haired spider.

The poem's sword shines like a fire,
Inspiring me to something higher
Than all the ordinary days.

I write on paper, what he says:
"Become a fighter for your rights,
Struggle throughout all days and nights.

Keep all your goals within your mind
And leave your fears and doubts behind!"

Moni Meloni has wonderful pens

Moni Meloni has wonderful pens,
Some are for writing and others for dance.
Dancing on paper is all that she needs
To make herself happy and setting the seeds
For poetry that will enlighten the world.
This future allows her:
feel free as a bird.

Moni Meloni writes on a white table

Moni Meloni writes on a white table:
"I am neither Harry nor beautiful Mable!
I wish I could know what I am, but I can
not decide whether I am a woman or man!"

"Is it really crucial which body is yours?
Of greater importance is how one endures!
Each day will allow you to make up your mind:
Is it just a boy or a girl that I find!"

Which teacher taught this living thing

A spider never went to school.
Nevertheless, without a tool,
through extraordinary skills,
(it never took some power pills)
it cleverly builds woven webs
to make a nest for all its eggs.

Which teacher taught this living thing
that's acting like a weaver king?
A loving network is the earth.
We have to trust within her birth.

The angry poet

This poem, stalking on high heels,
has just forgotten how it feels.
It asks the poet: "Do you know
what has been in my daily flow?"

The angry poet calls: "Shut up!
Stop talking now. There's no backup
of what you thought and what you felt,
not even in your ugly belt!"

That's why I struggled just in vain
and brought my brain in needless pain.

Why poems walk

A poem suddenly stops walking
because it feels a prompt of talking.
However, there's no one who talks.
That's why it hopeful further walks.

Fallen Poem's Dirty Claw

A poem riding down the hill,
Decided not to pay the bill.
It galloped breathless, ever faster,
Therefore it dropped in great disaster.
Rode hastily, fell into dirt,
A shameful fall, but didn't hurt.

However, as the poet saw,
The poem had a dirty claw,
He grumbled: "You are not my own,
'Cause you look like a dirty stone!"

The poem crept sadly away,
'Cause poet had refused to play.

A poem driven by its pride

This poem was born
with a creative light
and wanted to show
all its wonder inside.
But the world didn't look
at the beautiful gift,
so after the effort,
our poem was miffed.

It took its red robe
and its wonderful shine,
thought proudly: "The promised
surprises are mine!"
It mounted its horse.
"I'll never come back!"
disappeared with the gifts
in its wonderful bag.

Inhaltsverzeichnis